Lazarillo de Tormes

Adaptación de **Carmelo Valero Planas y Flavia Bocchio Ramazio**
Actividades de **Flavia Bocchio Ramazio**
Ilustraciones de **Fausto Bianchi**

Escucha el audio desde tu teléfono móvil

1 Descarga la aplicación **DeALink**

2 Utiliza la aplicación para encuadrar la página

3 Escucha el audio

Redacción: Massimo Sottini
Revisión: Maria Grazia Donati
Diseño: Sara Fabbri, Silvia Bassi
Maquetación: Annalisa Possenti
Búsqueda iconográfica: Alice Graziotin

Dirección de arte: Nadia Maestri

© 2017 Cideb
Primera edición: enero de 2017

Member of CISQ Federation

RINA
ISO 9001:2008
Certified Quality System

The design, production and distribution of educational materials for the CIDEB brand are managed in compliance with the rules of Quality Management System which fulfils the requirements of the standard ISO 9001 (Rina Cert. No. 24298/02/S - IQNet Reg. No. IT-80096)

Créditos fotográficos:
Shutterstock.com; iStockphoto; Dreamstime; Marka: 4,6; Topfoto / AGF: 5; Alte Pinakothek, Munich, Germany / Bridgeman Images: 38; DeAgostini Picture Library: 48(3),59; Real Academia de Bellas Artes de San Fernando, Madrid, Spain / Bridgeman Images:56; Allen Memorial Art Museum, Oberlin College, Ohio, USA / R.T. Miller, Jr. Fund / Bridgeman Images: 58; MONDADORI PORTFOLIO / ALBUM: 77

ISBN 978-88-530-1636-2 Book + CD

Impreso en Zagreb, Croacia,
por Grafički zavod Hrvatske d.o.o., Zagreb

Índice

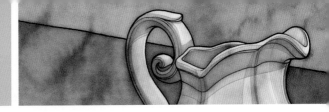

EL TEXTO ESTÁ GRABADO EN SU TOTALIDAD.

 El símbolo con el número de pista indica una pista presente en el CD audio incluido. El símbolo mp3 indica una pista descargable de nuestra página web, blackcat-cideb.com.

El Lazarillo de Tormes

En 1554, en varios sitios a la vez (Burgos, Alcalá de Henares y Amberes) se publicó un breve libro con el título de *La vida de Lazarillo de Tormes y de sus fortunas y adversidades*. Se dice que la edición de Burgos es la más antigua y se han hecho muchas hipótesis sobre el autor, pero todavía no se sabe con certeza quién fue.

Probablemente el autor era simpatizante de las ideas de la Reforma de Erasmo de Róterdam, que criticaba la Iglesia de Roma; por esto, la Inquisición prohibió la difusión del libro, que en 1573 fue depurado y transformado en *Lazarillo castigado*. Pero, aunque no se conoce la identidad del autor, la forma autobiográfica (el relato en primera persona) indica que el contenido de la narración es verosímil.

Su gran éxito se extendió más allá de España y fue traducido al francés, al inglés, al holandés, al alemán y al italiano. Esta obra marcará el inicio de un nuevo género literario: la novela picaresca, de gran importancia en la literatura española del Siglo de Oro. Se puede afirmar que nace para el hombre occidental la novela moderna.

La obra está compuesta por un prólogo y siete capítulos, llamados "tratados". A lo largo del libro se cuenta la vida de Lazarillo en todos sus episodios de miseria y sufrimientos. Lázaro vive al servicio de varios amos, astutos y mezquinos algunos, miserables e inoperantes otros. Con ellos, Lázaro tratará de sobrevivir poniendo en práctica toda su argucia, para poder salir con bien de cada situación por la que le toca pasar.

El pícaro que nos refleja el *Lazarillo* es una víctima de la burla de los hombres y del mundo que le rodea.

Este se vuelve astuto y responde con la misma burla, es capaz de reírse de sí mismo y de los demás; es el reflejo de una realidad humana miserable, de moral dudosa. Sus desdichas y necesidades son las de todos los hombres que viven día a día. De este modo, el significado de la obra abarca un sentido más amplio, y es el de la vida en toda su realidad y crudeza.

Portada de la primera edición (1554).

Estatua de Lázaro y el ciego, Salamanca.

El gran invento del *Lazarillo* ha sido el de hacer del hombre de carne y hueso, con sus defectos y su difícil existencia sobre la tierra, un personaje literario fruto de una experiencia artística innovadora, guiada por una actitud de burla irónica suavizada por una sensibilidad caricaturesca.

Comprensión lectora

1 Responde a las siguientes preguntas.

1 ¿Dónde y cuándo se publicó el *Lazarillo de Tormes*?
2 ¿Qué es el *Lazarillo castigado*? ¿En qué año aparece?
3 ¿Cómo está compuesta la obra?
4 ¿Qué se relata en esta obra?
5 ¿Cómo es Lázaro?
6 ¿Qué refleja esta obra?

Personajes

De izquierda a derecha y de arriba abajo:
Lázaro, el ciego, el clérigo, el escudero, el capellán, la criada, el arcipreste

Antes de leer

1 A lo largo del tratado 1 encontrarás las siguientes palabras. Relaciona los nombres con las fotos.

a   aceña

b   costales

c   caballeriza

d   leños

e   cebada

f   mesón

g   candado

h   nabo

i   jarro

Cuenta Lázaro su vida y quiénes fueron sus padres

pista 02

ues ha de saber, Vuestra Merced, ante todo, que mi nombre es Lázaro de Tormes, hijo de Tomé González y de Antonia Pérez, naturales[1] de Tejares, aldea[2] de Salamanca.

Mi nacimiento fue dentro del río Tormes. Por esta razón tomé el sobrenombre y fue de esta manera: mi padre atendía una molienda de una aceña que está a la orilla de aquel río. Allí fue molinero por más de quince años. Estando mi madre una noche en la aceña, preñada de mí, le llegó la hora del parto y me parió allí: de manera que con verdad me puedo decir nacido en el río.

Era yo un niño de ocho años, cuando acusaron a mi padre de robar harina de los costales de los que allí venían a moler.

---

1. **natural** : nativo de un lugar.
2. **aldea** : pueblo pequeño.

9

Por esta razón lo llevaron preso, y confesó y no negó y sufrió persecución por la justicia. En ese tiempo se preparó una armada contra los moros. Mi padre allí fue como acemilero [3] de un caballero, y, con su señor, acabó su vida. Mi viuda madre, como se vio sin marido y sin ayuda, fue a vivir a la ciudad, y alquiló una casilla, y comenzó a guisar [4] para ciertos estudiantes, y lavaba la ropa a ciertos mozos de caballos del Comendador [5] de la Magdalena, de manera que fue frecuentando las caballerizas. En ellas conoció a un hombre moreno que atendía las bestias. Este algunas veces se venía a nuestra casa, y se iba a la mañana. Yo al principio le tenía miedo, pero como vi que mejoraba el comer, porque siempre traía pan, pedazos de carne, y en el invierno leños, para calentarnos, comencé a quererle bien. Así, al poco tiempo, mi madre dio a luz un negrito muy bonito. Con él yo jugaba y ayudaba a cuidarlo.

Como el niño nos veía a mi madre y a mí blancos, y a su padre no, huía de él con miedo hacia mi madre, y señalando con el dedo decía: —¡Madre, coco! [6]

Yo, aunque era aún muy niño, noté aquella palabra de mi hermanico, y dije entre mí: «¡Cuántos debe de haber en el mundo que huyen de otros porque no se ven a sí mismos!».

Al poco tiempo se descubrió que el Zaide, así se llamaba mi padrastro, robaba la mitad de la cebada, que para las bestias le daban, y fingía que se habían perdido cepillos, leña, delantales, y las mantas y sábanas de los caballos y con todo esto ayudaba a mi madre a criar a mi hermanico. Fue así que le metieron en la cárcel y mi madre se fue a servir al mesón de la Solana, y allí acabó de

---

3. **acemilero** : hombre que cuida o conduce mulas.
4. **guisar** : cocinar.
5. **Comendador** : caballero que tiene encomienda en alguna de las órdenes militares.
6. **coco** : ser imaginario con que se mete miedo a los niños.

criar a mi hermanico hasta que supo caminar, y a mí hasta que fui un buen mozuelo. Yo ayudaba con los huéspedes y hacía lo que me mandaban.

En este tiempo vino al mesón un ciego, que deseaba llevarme con él para guiarle. Mi madre le dijo que debía tratarme bien pues era yo huérfano. Él le respondió que así lo iba a hacer, y que me recibía no por mozo sino por hijo. Y así comencé a servir y a guiar a mi nuevo y viejo amo.

Salimos de Salamanca, y llegando al puente, hay un animal de piedra, que casi tiene forma de toro, y el ciego me hizo acercar al animal, y junto a él, me dijo:

—Lázaro, acerca el oído a este toro, y oirás gran ruido dentro de él.

Cuando acerqué el oído a la piedra, el ciego cogió mi cabeza con la mano y me dio una gran calabazada [7] en ese toro del diablo que más de tres días me duró el dolor de la cornada, y me dijo:

—Necio, aprende que el mozo del ciego debe saber un poco más que el diablo.

Y rio mucho de la burla. Yo me dije: «Verdad dice este, es mejor tener los ojos abiertos, pues estoy solo, y debo valerme por mí mismo».

Comenzamos nuestro camino, y en pocos días me enseñó jerigonza, [8] y como veía que tenía bastante ingenio, me decía:

—Yo ni oro ni plata no te puedo dar, pero te daré muchos consejos para vivir.

Ha de saber, Vuestra Merced, que desde que Dios creó el mundo, no hizo a nadie más astuto ni sagaz que él.

---

7. **calabazada** : expresión coloquial que significa "golpe dado con la cabeza".

8. **jerigonza** : en este caso, lenguaje que usan los ciegos para entenderse entre ellos.

En su oficio era un águila; sabía de memoria más de cien oraciones.

Además de esto, tenía otras mil formas para obtener el dinero. Decía saber oraciones para muchos efectos: para mujeres que no parían, para las que estaban de parto, para las casadas infelices, pronosticaba a las preñadas si el que iba a nacer era niño o niña. Pues en tema de medicina, decía que Galeno[9] no supo ni la mitad que él para dolores de muela, desmayos... Así que todos iban detrás de él, especialmente las mujeres, que creían cuanto les decía. De estas obtenía él mucho dinero, y ganaba más en un mes que cien ciegos en un año. Con todo lo que ganaba, jamás vi hombre tan avaro y mezquino, porque a mí me mataba de hambre. Solo con mi sutileza e ingenio lograba engañarle.

Él traía el pan y todas las otras cosas en un saco de lienzo, que se cerraba por la boca con una argolla de hierro, su candado y su llave. Al meter todas las cosas y sacarlas, las contaba una a una. Pero cuando se descuidaba, yo descosía un lado del saco, y luego lo cosía una vez que había sacado no solo pan, sino trozos de carne y longaniza.[10] Y así buscaba el momento exacto para remediar a la maldad del ciego.

Cuando comíamos, él solía poner a su lado un jarrillo de vino; yo lo cogía rápidamente, tomaba dos tragos y volvía a ponerlo en su lugar. Pero, un día, el ciego se dio cuenta de lo que hacía, porque notó la falta de vino y nunca más dejó el jarro, sino que lo tenía entre las manos. Entonces yo metía una paja larga en el jarro, chupaba el vino y no le dejaba casi nada. Pero el traidor era muy astuto y sospechaba de mí, así que desde entonces ponía el jarro entre sus piernas, lo tapaba con la mano y así bebía seguro

---

9. **Galeno**: médico griego del siglo II.
10. **longaniza**: pedazo largo de tripa estrecha rellena de carne picada y adobada.

Como el remedio de la paja ya no valía, hice un orificio en la base del jarro y lo tapé con un poco de cera. Luego me ponía entre sus piernas para calentarme con el poco fuego que teníamos, y con el calor se derretía la cera y el vino me bajaba a la boca sin perder ni una sola gota. Cuando el pobrecito iba a beber, no encontraba nada; se maldecía y mandaba al diablo el jarro y el vino, sin saber qué podía ser.

—No puede decir que me lo bebo yo —le decía—, pues lo tiene siempre en las manos.

Pero al final encontró el agujero y entendió la burla, sin decir nada. Un día que yo estaba con la cara hacia el cielo y los ojos cerrados para gustar mejor el sabroso licor, el ciego cogió el jarro y lo dejó caer con todas sus fuerzas sobre mi boca. Yo, que no me lo esperaba, sentí que todo el cielo me había caído encima. La boca y los dientes se me rompieron. Empecé así a odiar al mal ciego.

Por esta razón decidí librarme de él y abandonarlo, pero no inmediatamente, porque quise hacerlo en el momento más conveniente para mi salud y provecho. Salimos de Salamanca y fuimos a Toledo porque allí la gente era más rica, aunque no muy limosnera. Cuando llegamos a un lugar que llaman Almorox, al tiempo de la vendimia, un campesino le dio a mi amo un racimo de uvas como limosna.

—Ahora quiero ser generoso contigo —dijo el ciego—, vamos a comernos las uvas a partes iguales. Tú picas una vez y yo otra. Prométeme que vas a coger una sola uva cada vez; yo haré lo mismo y así no habrá engaño.

Así empezamos a comer. Pero enseguida el ciego comenzó a comer de dos en dos. Como veía que no respetaba el acuerdo, empecé a comer de tres en tres. Acabado el racimo, dijo:

—Lázaro, me has engañado. Juro por Dios que tú has comido las uvas de tres en tres.

—No es verdad —digo yo—; pero ¿por qué sospecha eso?

—¡Porque yo comía dos a dos y tú callabas! —dijo el ciego.

Un día estábamos en Escalona, en un mesón, y mi amo me dio una longaniza para asarla; luego me mandó a comprar vino a la taberna. Al lado del fuego había un nabo. Cogí la longaniza y puse el nabo en el asador. Mi amo empezó a dar vueltas al fuego creyendo asar la longaniza. Yo fui por el vino, y me comí la longaniza. Cuando volví, vi a mi amo con dos rebanadas de pan apretando el nabo a modo de bocadillo. Cuando empezó a comer, no encontró la longaniza sino el frío nabo. Fue tal su enojo que ninguna explicación mía sirvió.

Mi maldito amo se levantó, me cogió por la cabeza y con las manos me abrió la boca más de la cuenta y metió la nariz muy adentro, de manera que casi me ahogaba. Mi estómago empezó a alterarse, y la longaniza y la nariz salieron de mi boca al mismo tiempo. Mi amo me pegó con fuerza.

Empezó a venir gente que me sacó de las manos de aquel miserable.

Después de leer

Comprensión lectora

1 Marca con una **X** si las afirmaciones son verdaderas (V) o falsas (F).

		V	F
1	Lázaro nació cerca de un río.	☐	☐
2	El padre de Lázaro fue preso por robo.	☐	☐
3	El padrastro de Lázaro trabajaba en una aceña.	☐	☐
4	La madre de Lázaro servía en un mesón.	☐	☐
5	Lázaro comenzó a servir a un ciego.	☐	☐
6	El ciego era un hombre generoso con Lázaro.	☐	☐
7	El ciego llevaba la comida en una saco cerrado con llave y candado.	☐	☐
8	Lázaro le robó una longaniza al ciego.	☐	☐

Comprensión auditiva

pista 03

2 Escucha el siguiente fragmento del primer tratado y completa el texto.

Él traía el (1)................ y todas las otras cosas en un saco de (2)................, que se cerraba por la boca con una argolla de hierro, su candado y su (3)................ . Al meter todas las cosas y sacarlas, las (4)................ una a una.

Pero cuando se (5)................, yo descosía un lado del saco, y luego lo cosía una (6)................ que había sacado no solo pan, sino (7)................ de carne y longaniza. Y así buscaba el momento (8)................ para remediar a la maldad del ciego.

Léxico

3 Busca en el tratado los antónimos de las siguientes palabras.

1 generoso ≠ ....
2 felices ≠ ....
3 leal ≠ ....
4 torpe ≠ ....
5 insípido ≠ ....
6 pobre ≠ ....

Gramática

Los adjetivos posesivos

yo	**mi(s)**
tú	**tu(s)**
él / ella, usted	**su(s)**
nosotros/as	**nuestro(s)/a(s)**
vosotros/as	**vuestro(s)/a(s)**
ellos / ellas, ustedes	**su(s)**

El adjetivo posesivo expresa posesión o pertenencia.

Concuerda en género y número con el nombre que designa la cosa poseída.

No hay que poner nunca el artículo delante de los posesivos.

*Esta es **nuestra** casa.*

4 **Completa las frases con el adjetivo posesivo correspondiente.**

1 Ayer por la noche no salí, me quedé en casa con .... familia.

2 Elena fue a ver a .... amiga al hospital.

3 Nosotros viajamos a Salamanca con .... padres.

4 ¿Habéis ido a visitar a .... tías?

5 Mario, ¿dónde has puesto .... mochila? Es que la necesito.

Expresión escrita y oral

5 En este tratado se menciona la ciudad de Salamanca. Busca información en Internet sobre este lugar y luego haz una presentación ante tus compañeros.

Antes de leer

1 A lo largo del tratado 2 encontrarás las siguientes palabras. Relaciona los nombres con las fotos.

a	arroyo	**c**	agujeta	**e**	clérigo
b	arca	**d**	carnero	**f**	chuleta

2 En la página 23 encontrarás la ilustración del tratado 2. Obsérvala atentamente y contesta las siguientes preguntas.

1 ¿Qué hay dentro del arca?

2 ¿Cómo es el arca?

3 ¿Qué está haciendo Lázaro?

De cómo Lázaro abandonó al ciego y comenzó a servir a un clérigo

pista 04

Visto el mal momento que había pasado en el mesón y las malas burlas que el ciego me hacía, decidí abandonarlo, no sin antes vengarme de él.

Un día salimos por el pueblo a pedir limosna y estaba lloviendo mucho. El ciego, que estaba rezando debajo de unos portales, me dijo:

—Lázaro, parece que va a seguir lloviendo, vamos a la posada con tiempo.

Para ir allá debíamos pasar un arroyo que, con la lluvia, iba crecido.

—Tío —le dije—, el arroyo va muy ancho, pero busco un sitio más estrecho por donde atravesarlo sin mojarnos.

Lo llevé enfrente de una columna de piedra que había en la plaza. Como llovía mucho y teníamos prisa de salir del agua me dijo:

—Ponme bien derecho y salta tú primero.

Di un salto, me puse detrás de la columna y le dije:

—¡Adelante! ¡Saltad!

Dio un paso atrás y saltó con todas sus fuerzas, dando con la cabeza en la columna, que sonó tan fuerte como una gran calabaza. Cayó luego hacia atrás, medio muerto y con la cabeza rota.

Y allí lo dejé rodeado de gente que lo ayudó a levantarse. Salí corriendo por la puerta del pueblo. No supe lo que fue de él, ni me importa saberlo.

Al día siguiente, como me parecía que allí no estaba seguro, me fui a un lugar que llaman Maqueda, adonde mis pecados me hicieron topar [1] con un clérigo. Cuando le pedí limosna, me preguntó si sabía ayudar a misa. Yo dije que sí, como era verdad; porque, aunque maltratado, mil cosas buenas me mostró el pecador del ciego, y una de ellas fue esta.

Finalmente, el clérigo me admitió a su servicio. Escapé del trueno y di en el relámpago. No digo más, sino que toda la miseria del mundo estaba encerrada en este. No sé si era así por naturaleza, o lo había obtenido desde que llevaba el hábito de clerecía.

Tenía un arca vieja y cerrada con una llave que llevaba siempre colgada a la capa con una agujeta. Todas las cosas de comer, pan, carne, patatas, etcétera, iban a parar al arca. Solamente había unas cebollas en una habitación bajo llave. Mi ración era una cada cuatro días, y me moría de hambre.

Conmigo tenía poca caridad, pero él se comía buenas chuletas de carne para comer y cenar, mientras que a mí me daba un poco del caldo y un pedazo de pan.

Los sábados se comen en esta tierra cabezas de carnero y

---

1. **topar** : hallar algo o a alguien casualmente.

me enviaba por una que costaba tres maravedís. Después de comérsela, a mí me daba los huesos diciéndome:

—Toma, come y hártate, que para ti es el mundo. Tienes mejor vida que el Papa.

«¡Maldito seas!», decía yo en voz baja.

Al cabo de tres semanas, estaba tan débil que no me tenía en pie de pura hambre. No sabía cómo engañarle, pues este, a diferencia del ciego, tenía una vista agudísima. Durante la misa, controlaba y registraba todas las monedas que la gente daba y no conseguí robarle una durante el tiempo que viví con él, o mejor dicho, morí.

Y para ocultar su gran mezquindad me decía:

—Mira, mozo, los sacerdotes tienen que ser muy sobrios en el comer y el beber.

Pero el miserable mentía, porque en los funerales donde íbamos a rezar comía como lobo y bebía como nadie. Era la única ocasión en que también yo comía y me hartaba. Que Dios me perdone por haber deseado la muerte de alguien, pero con su muerte, yo resucitaba, porque podía comer de lo que los familiares del difunto me daban. Y si no se moría nadie, me moría yo.

Más de una vez había pensado en abandonar a mi amo, pero no lo había hecho por dos razones: la primera porque casi no podía caminar de la debilidad que de pura hambre me venía; y la segunda porque de los dos amos, el ciego me tenía muerto de hambre, y encontrando a este otro, me estaba llevando a la sepultura. ¿Qué me puede pasar si encuentro a otro peor sino morir?

Estando en esta condición y sin saber bien qué hacer, un día que mi miserable amo estaba fuera, llegó a mi puerta un cerrajero, que creo que era un ángel enviado por Dios.

—¿Tienes algo que arreglar? —me dijo.

—Tío, he perdido una llave, mira si tienes una que me puede servir.

El cerrajero empezó a probar una y otra de las muchas que llevaba, y finalmente consiguió abrir el arca que estaba llena de todo bien de Dios.

—Yo no tengo dinero para pagarte la llave, puedes coger algo del arca como pago. Se cogió unas salchichas y después me dio la llave, pero yo no abrí el arca.

Un día que el malvado de mi amo estaba fuera, abrí mi paraíso de panes, saqué uno, y en menos que canta un gallo lo hice invisible, sin olvidarme de cerrar el arca. Y comencé a barrer la casa con mucha alegría, pareciéndome haber mejorado mi triste vida.

Pero no duró mucho, porque al cabo de tres días, vi al que me mataba de hambre volviendo y revolviendo, contando y volviendo a contar los panes. Yo disimulaba y en mi secreta oración y plegarias decía: «¡San Juan, ciégalo!».

Después de mucho tiempo que estaba contando dijo:

—Creo que faltan panes, así que de ahora en adelante quiero llevar bien las cuentas; quedan nueve panes y medio.

«¡Que Dios te maldiga!», dije yo entre mí.

Me tocó volver a la dieta pasada. Para consolarme, abrí el arca con los panes y empecé a adorarlos. Los conté para ver si el amo se había equivocado pero los había contado bien. Lo único que hice fue dar mil besos a los panes y comer un poco del que estaba partido, con el cual pasé el resto del día.

Pasé los días abriendo y cerrando el arca, contemplando los panes y muerto de hambre, sin poder tocarlos. Pero Dios, que socorre a los afligidos, viéndome en aquel estado me trajo a mi memoria un pequeño remedio: el arca era vieja, con la madera medio podrida y estaba rota por algunas partes. El malvado clérigo podía pensar que los ratones entraban y roían el pan.

Después de leer

Comprensión lectora

1 **DELE** **Elige la opción correcta entre las dos propuestas.**

1 El arroyo que Lázaro y el ciego debían atravesar era...

   a ☐ muy ancho.

   b ☐ muy estrecho.

2 El clérigo le daba a Lázaro...

   a ☐ chuletas de carne.

   b ☐ caldo y pan.

3 El clérigo era...

   a ☐ generoso.

   b ☐ mezquino.

4 Lázaro estaba muy débil porque...

   a ☐ comía muy poco.

   b ☐ echaba de menos al ciego.

5 En los funerales, el clérigo comía y bebía...

   a ☐ poco.

   b ☐ mucho.

6 Lázaro logró abrir el arca con una llave...

   a ☐ que encontró.

   b ☐ que le dio un cerrajero.

Comprensión auditiva

pista 05

2 **Escucha atentamente el texto y luego subraya y corrige los errores.**

Finalmente, el clérigo me admitió a su servicio. Tenía un arca nueva y cerrada con una llave que llevaba siempre colgada al bolsillo con una agujeta. Todas las cosas de comer, pan, carne, nabos, etcétera, iban a parar al arca. Solamente había unas cebollas en un cajón bajo llave. Mi ración era una cada cinco días, y me moría de hambre.

Gramática

El pretérito imperfecto de indicativo

	Cortar	Tener	Decir
yo	cortaba	tenía	decía
tú	cortabas	tenías	decías
él / ella, usted	cortaba	tenía	decía
nosotros/as	cortábamos	teníamos	decíamos
vosotros/as	cortabais	teníais	decíais
ellos / ellas, ustedes	cortaban	tenían	decían

Se utiliza para describir acciones reiteradas o habituales en el pasado, o bien para describir. Los verbos irregulares en pretérito imperfecto solo son tres: **ser**, **ver**, **ir**.

	Ser	Ver	Ir
yo	era	veía	iba
tú	eras	veías	ibas
él / ella, usted	era	veía	iba
nosotros/as	éramos	veíamos	íbamos
vosotros/as	erais	veíais	ibais
ellos / ellas, ustedes	eran	veían	iban

*Cuándo yo **era** pequeño **tenía** una bicicleta muy bonita.*

3 **Conjuga los verbos entre paréntesis en pretérito imperfecto.**

El miserable (*mentir*) (**1**)......................, porque en los funerales donde (*ir, nosotros*) (**2**)...................... a rezar (*comer, él*) (**3**)...................... como lobo y (*beber, él*) (**4**)...................... como nadie. (*Ser*) (**5**)...................... la única ocasión en que también yo (*comer*) (**6**)...................... y me (*hartar, yo*) (**7**)...................... . Que Dios me perdone por haber deseado la muerte de alguien, pero con su muerte, yo (*resucitar*) (**8**)......................, porque (*poder, yo*) (**9**)...................... comer de lo que los familiares del difunto me (*dar, ellos*) (**10**)...................... . Y si no se (*morir*) (**11**)...................... nadie, me (*morir*) (**12**)...................... yo.

4 **Subraya en el texto al menos seis verbos en pretérito imperfecto.**

Léxico

5 Sustituye las expresiones en negrita por otras sinónimas que aparecen en el tratado 2.

1 Lo **conduje** enfrente de una columna de piedra que había en la plaza.

2 No supe lo que fue de él, ni me **interesa** saberlo.

3 Pero el **mezquino** mentía, porque en los funerales donde íbamos a rezar comía como lobo y bebía como nadie.

4 **Empecé** a barrer la casa con mucha alegría.

5 Pero Dios, que **ayuda** a los afligidos, viéndome en aquel estado me **recordó** un pequeño remedio.

6 En el tratado 2 hay algunas locuciones verbales y adverbiales. ¿Qué significan?

1 Escapar del trueno y dar en el relámpago.
   a ☐ Huir de un gran peligro para caer en otro.
   b ☐ Huir de las zonas de tormenta.

2 Llevar a la sepultura.
   a ☐ Matar.
   b ☐ Llevar a ver una tumba.

3 En menos que canta un gallo.
   a ☐ Como el canto de un gallo.
   b ☐ En muy poco tiempo, en un instante.

Expresión oral y escrita

7 ¿Cómo te imaginas al clérigo? Descríbelo físicamente y describe su carácter. Te damos una lista de palabras que pueden ayudarte. (80 palabras)

gordo bajo mezquino avaro miserable egoísta

8 Ahora comparte tu descripción con tus compañeros.

Antes de leer

1 A lo largo del tratado 3 encontrarás las siguientes palabras. Relaciona los nombres con las fotos.

a culebra   **c** tablillas   **e** mosquito
b clavo   **d** colchón   **f** bastón

 1

 2

 3

 4

 5

 6

2 En la página 31 encontrarás la ilustración del tratado 3. Obsérvala atentamente y contesta las siguientes preguntas.

1 ¿Dónde está Lázaro? ¿Qué está haciendo?

2 ¿Qué tiene Lázaro en la boca?

3 ¿Qué lleva el clérigo en las manos?

4 ¿Qué crees que está por hacer el clérigo?

De cómo el clérigo descubrió el ratón y del encuentro de Lázaro con el escudero

pista 06

Y fue así que luego de venirme a la mente la idea de que los ratones podían ser los culpables de la desaparición del pan, pensé que sacarlo entero no era conveniente, porque podía sospechar. Comencé a desmigajar tres o cuatro panes y a comer. Cuando llegó mi amo, miró el arca y vio los agujeros por donde sospechaba que entraban los ratones. Me llamó y me dijo:

—¡Lázaro! ¡Mira, mira, alguien ha venido esta noche por nuestro pan!

Yo, fingiéndome muy sorprendido, le pregunté qué podía ser.

—¡Qué ha de ser! —dijo—. Los ratones, que no dejan nada con vida.

Comenzamos a comer, y mi amo empezó a quitar con un cuchillo todo lo que pensaba habían roído los ratones diciéndome:

—Come eso, que el ratón es cosa limpia.

Así que ese día comí ración doble.

Luego, mi amo empezó a quitar clavos de las paredes y a buscar tablillas, con las que clavó y cerró todos los agujeros de la vieja arca. Una vez acabada la obra dijo:

—Ahora, señores ratones, os conviene cambiar de casa, que en esta arca ya no podéis entrar.

Fue así que aproveché el momento en el que el clérigo salió de casa para ir al arca. No le había dejado ni un solo agujero, ni siquiera un mosquito podía entrar.

Dicen que la necesidad es tan gran maestra y así, una noche que mi amo estaba durmiendo, me levanté silencioso, fui a la vieja arca y empecé a hacerle un agujero con un cuchillo en un lado. Saqué medio pan, me lo comí y volví a mi cama contento.

Mi amo, al ver el daño del pan y del agujero, exclamó:

—¿Qué pasa? ¡No había ratones en esta casa y ahora está llena!

Volvió a tapar los agujeros, pero yo, por la noche, destapaba los que él tapaba.

Cuando vio que su remedio no servía de nada decidió ponerles trampas por dentro a esos malditos. Pidió prestada una ratonera y con pedazos de queso montó la trampa. Esto fue para mí un singular auxilio, pues el queso que ponía a los ratones me lo comía yo.

Como mi amo encontró el pan roído y el queso comido, preguntó a los vecinos por qué el ratón no caía en la trampa. Y uno de ellos le dijo que seguramente era una culebra la causa de todo.

Fue así que, desde ese día, mi amo durmió con un bastón y cuando oía el más mínimo ruido, pensando que era la culebra, se levantaba y empezaba a dar golpes en el arca para espantarla. Con el ruido despertaba a los vecinos, y a mí no me dejaba dormir.

Luego venía donde yo dormía para ver si la culebra se escondía en mi cama, pero yo me hacía el dormido.

A la mañana siguiente me decía:

—¿No has oído nada esta noche? He buscado la culebra en tu cama porque dicen que son muy frías y buscan calor.

—Ruego a Dios que no me muerda —le decía—, que le tengo mucho miedo.

Pasaba las noches levantado mi amo, sin dormir y vigilando, y por eso yo no osaba ir al arca. Pero de día, cuando él no estaba, la visitaba con frecuencia.

Era esta una situación tensa y yo tenía miedo, porque mi amo podía descubrir la llave que escondía debajo del colchón; por esta razón decidí meterla en mi boca por la noche.

Fue así que empezó mi desgracia. Una noche, mientras dormía con la boca abierta, el aire que respiraba se metió por el hueco de la llave y empezó a silbar muy fuerte. Mi amo creyó que era el silbido de la culebra. Se levantó y se acercó a mí con el bastón en la mano. Pensando que la culebra se escondía en mi cama, levantó el palo y, con toda su fuerza, me descargó en la cabeza un golpe tan grande que me hizo perder el sentido, quedando con la cabeza rota. Me llamó a grandes voces para despertarme y, cuando me tocó, sintió la mucha sangre que corría por mi cabeza. Se dio cuenta del daño que me había hecho y, con mucha prisa, encendió una vela para iluminar. Cuando se acercó me vio todo lleno de sangre, todavía con la llave en la boca.

Sorprendido la miró, la cogió y se dio cuenta de que era idéntica a la suya. La probó en el arca y logró abrirla. Entonces dijo así el cruel cazador:

—He descubierto al ratón y a la culebra que me daban guerra y se comían mis panes.

A todos los que venían allí les contaba lo que había pasado. Después de quince días me curé de todas mis heridas y, cuando me levanté, mi amo me sacó a la puerta diciéndome:

—Lázaro, de hoy en adelante eres tuyo y no mío. Busca otro amo que no quiero en mi compañía un servidor como tú.

Y haciendo la señal de la cruz, considerándome un endemoniado, se metió en casa y cerró su puerta. Poco a poco, con la ayuda de las buenas gentes, llegué a la ciudad de Toledo. Mientras estaba malo, siempre me daban alguna limosna, pero cuando ya estaba bien todos me decían:

—Vamos, bellaco y vago, busca un amo a quien servir.

Iba pidiendo de puerta en puerta cuando me encontré con un escudero bien vestido, bien peinado y ordenado. Nos miramos y me dijo:

—Muchacho, ¿buscas amo?

—Sí, señor —le dije.

—Pues vente conmigo, que Dios te ha hecho la gracia de encontrarme.

Decidí seguirle, dando gracias a Dios porque, como vestía muy bien, me parecía que podía ser un buen amo para mí.

Transcurrimos toda la mañana en la plaza donde se vende pan y otros alimentos, pero pasamos de largo sin comprar nada. A las once entramos en la iglesia mayor a oír misa.

Salimos de la iglesia y bajamos por una calle hasta que llegamos a su casa cuando el reloj daba la una después de mediodía.

Después de leer

Comprensión lectora

1 Responde a las siguientes preguntas.

1   ¿Qué idea tuvo Lázaro para poder comer los panes del arca?
....

2   ¿Qué pensó el clérigo cuando vio los agujeros del arca?
....

3   ¿Qué hizo Lázaro para seguir comiendo los panes?
....

4   ¿Qué solución encontró el clérigo para combatir los ratones?
....

5   ¿Qué hizo el clérigo cuando vio que los ratones no caían
    en la trampa?
....

6   ¿Qué le sucedió a Lázaro?
....

7   ¿Dónde fue Lázaro?
....

8   ¿Cómo encontró Lázaro a su nuevo amo?
....

Comprensión auditiva

2 Escucha el fragmento y marca con una ✗ si las afirmaciones
son verdaderas (V) o falsas (F).

pista 07

		V	F
1	El clérigo volvió a tapar los agujeros del arca.	☐	☐
2	Lázaro destapó los agujeros.	☐	☐
3	Lázaro montó las trampas para los ratones con queso.	☐	☐
4	Los ratones se comían el queso.	☐	☐
5	Los vecinos le dijeron al clérigo que seguramente había una culebra en la casa.	☐	☐

ACTIVIDADES

Léxico

3 Busca en el tratado 3 los antónimos de estas palabras.

1 antes de ≠ ....
2 terminar ≠ ....
3 sucio ≠ ....
4 poner ≠ ....
5 destapar ≠ ....
6 encima de ≠ ....

7 relajado ≠ ....
8 apagar ≠ ....
9 caliente ≠ ....
10 alejarse ≠ ....
11 menor ≠ ....
12 subir ≠ ....

Gramática

El pretérito indefinido

	Comprar	Volver	Salir
yo	compré	volví	salí
tú	compraste	volviste	saliste
él / ella, usted	compró	volvió	salió
nosotros/as	compramos	volvimos	salimos
vosotros/as	comprasteis	volvisteis	salisteis
ellos/as, ustedes	compraron	volvieron	salieron

Se emplea para expresar acciones en un **pasado no reciente**, y expresa acciones puntuales y acabadas.

*Ayer **salí** de la oficina y **compré** algunas cosas en el mercado.*

Los verbos irregulares se construyen sustituyendo las terminaciones del infinitivo -ar, -er, -ir y las raíces por las siguientes:

saber → **sup-**		
poder → **pud-**		-e
poner → **pus-**		-iste
tener → **tuv-**	+	-o
estar → **estuv-**		-imos
querer → **quis-**		-isteis
venir → **vin-**		-ieron
hacer → **hic-/hiz-**		

traer → **traj-**		-e
introducir → **introduj-**		-iste
conducir → **conduj-**	+	-o
		-imos
decir → **dij-**		-isteis
		-eron

34

4 Conjuga los verbos entre paréntesis en pretérito indefinido.

El clérigo me (*llamar, él*) (**1**)..................... a grandes voces para despertarme y, cuando me (*tocar, él*) (**2**)....................., (*sentir, él*) (**3**)..................... la mucha sangre que corría por mi cabeza. Se (*dar, él*) (**4**)..................... cuenta del daño que me había hecho y, con mucha prisa, (*encender, él*) (**5**)..................... una vela para iluminar. Cuando se (*acercar, él*) (**6**)..................... me (*ver, él*) (**7**)..................... todo lleno de sangre, todavía con la llave en la boca. Sorprendido la (*mirar, él*) (**8**)....................., la (*coger, él*) (**9**)..................... y se (*dar, él*) (**10**)..................... cuenta de que era idéntica a la suya. La (*probar, él*) (**11**)..................... en el arca y (*lograr, él*) (**12**)..................... abrirla.

5 En el tratado 3 hay algunos verbos irregulares en pretérito indefinido. Encuéntralos y subráyalos. Fíjate si corresponden a los grupos de verbos irregulares que hemos presentado.

Rincón de cultura

Toledo

Toledo forma parte de los Bienes Patrimonio de la Humanidad desde 1986 por su valor paisajístico y su situación geográfica. La ciudad se encuentra en lo alto de un promontorio granítico rodeado y aislado por el río Tajo por el este, el sur y el oeste. Cambios geológicos producidos a fines del período terciario llevaron a la actual conformación física de la ciudad, que mantuvo siempre una posición estratégica de defensa. Conocida también con el nombre de "ciudad de las tres culturas" por la convivencia cristiana, judía y árabe durante siglos, Toledo parece un lugar encantado, habitado aún hoy por los espíritus de sus antiguos pobladores.

Ahora contesta a las preguntas.

1 ¿Por qué Toledo es Patrimonio de la Humanidad?
2 ¿Dónde está situada? ¿Qué río la rodea?
3 ¿Por qué se la llama "ciudad de las tres culturas"?

La novela picaresca

La novela picaresca nace en el siglo XVI, el Siglo de Oro de la literatura española. Es una corriente «realista», o mejor «verídica», que se aleja de la corriente «idealista» de su tiempo, con sus novelas de caballerías, sentimentales y de aventuras.

Respecto a las novelas tradicionales, la novedad de la picaresca es que la vida no es solo el milagro, la relación directa con la divinidad, el heroísmo, sino también la rutina monótona de cada día, la incomodidad de la ciudad y de las gentes, con sus defectos y manías.

Después del anónimo *Lazarillo de Tormes*, la novela picaresca atraviesa un periodo de apoteosis con el *Guzmán de Alfarache* de Mateo Alemán, y termina con *La vida del Buscón Don Pablos* de Francisco de Quevedo. Se puede decir que de la novela picaresca y del *Quijote* de Cervantes, nacerá lo que se considera actualmente la novela moderna.

Características de la novela picaresca

Todas las novelas picarescas comparten una serie de características comunes, que pueden resumirse del siguiente modo:

Forma autobiográfica

El protagonista es el pícaro; todo el relato está enfocado desde su único punto de vista, que nos da su versión personal de los hechos. El pícaro es un ladrón, un mendigo, un marginado social, de una categoría

social que procede de los bajos fondos. Frente al héroe idealizado del libro de caballerías, aparece aquí un antihéroe que ha de luchar por la supervivencia. Su comportamiento está marcado por el engaño, la astucia, la trampa ingeniosa. Vive fuera de los códigos de honra y honor propios de las clases altas de la sociedad de su época.

Orígenes pobres y deshonrosos

El protagonista aparece como víctima inocente de faltas que no ha cometido. Sus padres pertenecen a los estratos más bajos de la sociedad. El pícaro carga con una herencia muy mala, como un pecado original. Desde el primer momento nos habla de su ascendencia familiar para justificar su conducta.

Sátira social

La novela picaresca presenta la cara mala de una sociedad en la que el protagonista se siente marginado. Su condición de mozo o criado de muchos amos le permite conocer a personajes pertenecientes a las clases sociales más representativas y mostrarnos su tacañería y bajeza. El carácter itinerante del relato (Lázaro se mueve continuamente de un sitio a otro) amplía el número de posibilidades y facilita la crítica.

Niños jugando a los dados, B. Murillo (1665-75).

Doble temporalidad

El pícaro aparece en la novela como autor y como actor. Como autor se sitúa en un tiempo presente, que mira hacia su pasado y narra una acción que ya conoce con anticipación.

Estructura abierta y determinismo

La figura del pícaro es lo único que da coherencia al relato. Este se compone de una serie de escenas aisladas, en las que intervienen personajes diversos y que se desarrollan en distintos lugares. Estas escenas quedan unidas solamente por la presencia del protagonista. El determinismo caracteriza la vida del pícaro, quien, a pesar de que quiere mejorar su condición social, fracasa y sigue siendo siempre un pícaro.

Intención moralizante

Cada novela picaresca viene a ser un gran ejemplo de conducta aberrante que sistemáticamente es castigada. Se narra la conducta equivocada de un individuo que finalmente es castigado o se arrepiente.

Personalidad del pícaro

Son factores esenciales la astucia y el ingenio que le permiten sobrevivir en circunstancias adversas.

Muchos de los personajes son ladrones, avaros, tramposos... pero difícilmente llegan al homicidio.

Realismo

Descripción casi naturalista de la realidad en sus aspectos más desagradables. La realidad no es idealizada, se presenta a través de la burla o el desengaño.

Comprensión lectora

1 Marca con una X si las afirmaciones son verdaderas (V) o falsas (F).

		V	F
1	El género de la novela picaresca es idealista.	☐	☐
2	El pícaro es un personaje heroico.	☐	☐
3	El protagonista es un marginado social.	☐	☐
4	La acción se realiza en un solo sitio bien determinado.	☐	☐
5	Lo que une las escenas del relato es la presencia del pícaro.	☐	☐
6	Para lograr sus propósitos, el pícaro se muestra bueno y educado.	☐	☐
7	El engaño, la ironía y la burla son las cualidades principales del pícaro.	☐	☐
8	Casi todos los pícaros son también asesinos.	☐	☐

Antes de leer

1 A lo largo del tratado 4 encontrarás las siguientes palabras. Relaciona los nombres con las fotos.

a capa   c acero   e bolsillo
b toalla   d berza   f silla

2 En la página 43 encontrarás la ilustración del tratado 4. Obsérvala atentamente y contesta las siguientes preguntas.

1 ¿Dónde están Lázaro y el escudero?
2 ¿Qué lleva en las manos Lázaro?
3 ¿Qué hace el escudero?
4 ¿Qué crees que sienten el escudero y Lázaro?

De lo que le sucedió con el escudero

pista 08

uando entramos en su casa, se quitó su capa y nos sentamos. Empezó a hacerme muchas preguntas. Quería saber de dónde era, cómo había llegado a esa ciudad, etcétera. Pero yo tenía más ganas de comer que de responder a sus preguntas.

Ya eran las dos y no se hablaba de comer. Mala señal. Todo lo que veía eran paredes desnudas, no había sillas, ni bancos, ni mesas, ni un arca como la de mi amo el clérigo. Parecía una casa encantada. Finalmente me dijo:

—Tú, mozo, ¿has comido?

—No, señor —dije yo—, todavía no eran las ocho cuando nos hemos encontrado.

—Pues yo ya he desayunado, y cuando hago esto, ya no como nada hasta la noche. Espera un poco que después cenaremos.

Cuando oí esto, casi me desmayé, no tanto de hambre sino por

conocer mi mala suerte. Empecé a llorar mi trabajosa vida pasada y mi cercana muerte futura. Pero, disimulando, le dije:

—Señor, soy un mozo al que no le importa mucho comer, y eso lo saben los amos que he tenido.

—Esa es una virtud —dijo él— y por eso yo te quiero más, porque comer mucho es de puercos y comer lo necesario es de hombres de bien.

«¡Bien te he entendido!», dije entre mí.

Entonces saqué unos pedazos de pan que me quedaban de la limosna. Él al verlos me dijo:

—Ven aquí, mozo, ¿qué comes?

Fui hacia él y le enseñé el pan. Tomó uno de los tres pedazos, el mejor y más grande, y me dijo:

—Por mi vida, que parece este buen pan.

Y llevándolo a la boca, empezó a dar en él tan fieros bocados como yo en el otro.

—Es un pan sabrosísimo —dijo—, por Dios.

Entendí de qué pie cojeaba y me di prisa, porque si él acababa antes que yo, se iba a comer lo que quedaba. Acabamos al mismo tiempo.

Luego mi amo trajo un jarro y, después de beber, me lo ofreció a mí, que por no darle importancia le dije:

—Señor, no bebo vino.

—Es agua —me respondió—, bien puedes beber.

Tomé el jarro y bebí poco, porque mi angustia no era de sed.

Pasamos la tarde hablando de cosas que me preguntaba, hasta la noche. Le ayudé a hacer la cama y me dijo:

—Lázaro, ya es tarde y la plaza está lejos. Hay muchos ladrones por la calle, así que vamos a esperar hasta mañana y Dios dirá.

—Señor —le dije—, no se preocupe por mí, que sé pasar una noche, y aun más si es necesario, sin comer.

—Vivirás más y más sano —me respondió —, porque no hay nada en el mundo para vivir mucho que comer poco.

«Si es por esto» dije entre mí «yo no moriré, que siempre he cumplido esa regla por fuerza».

Se acostó en la cama y yo a sus pies, y con mis trabajos, males y hambre no conseguí dormir en toda la noche. A la mañana siguiente se levantó, se vistió despacio, se puso su capa y su espada y me dijo:

—¿Has visto qué pieza de acero es esta? Con ella puedo cortar un hilo de lana.

Yo dije entre mí: «Y yo con mis dientes, aunque no son de acero, puedo cortar un pan de tres kilos». Con paso tranquilo y el cuerpo derecho salió por la puerta diciendo:

—Lázaro, cuida de la casa en tanto que voy a oír misa, haz la cama y ve por el jarro de agua al río que está aquí cerca y cierra con llave, porque pueden robarnos algo.

Se fue por la calle arriba tan elegante, que parecía un pariente del rey. La gente, al verlo tan contento y bien vestido, pensaría que esta noche pasada había cenado y había dormido bien, y que esa mañana había desayunado muy bien.

¿Quién iba a pensar que ese gentil hombre se había pasado todo el día sin comer, con solo una berza y aquel trozo de pan que le dio su criado Lázaro, y que lavándose la cara y las manos se las secaba con una camisa vieja porque no tenía toallas?

Entré en casa, tomé el jarro y fui al río. Luego volví a casa y esperé a mi amo, pero como a las dos no volvía cerré la puerta y salí a mendigar.

Con voz baja y enferma empecé a pedir por las puertas y casas. Todo lo que con el gran maestro el ciego había aprendido daba sus frutos, y antes de las cuatro ya me había comido un pan y guardado muchos pedazos en los bolsillos.

Después de leer

Comprensión lectora

1 Forma oraciones uniendo los elementos de las dos partes.

1 ☐ Cuando Lázaro oyó que él y el escudero no iban a comer hasta la cena...

2 ☐ Lázaro sacó unos pedazos de pan y...

3 ☐ El escudero dijo que el pan...

4 ☐ El escudero se levantó...

5 ☐ Lázaro entró en casa, tomó el jarro...

6 ☐ Como el escudero no volvía...

7 ☐ Lázaro pedía limosna...

8 ☐ Lázaro aplicaba las enseñanzas del ciego...

a y se vistió despacio.

b casi se desmayó.

c era sabrosísimo.

d Lázaro salió a mendigar.

e el escudero tomó el mejor y lo comió.

f y fue al río.

g con voz baja y enferma.

h para mendigar.

Comprensión auditiva

2 Escucha. ¿Quién habla? Marca con una ✗.

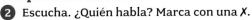

		1	2	3	4
A	Lázaro	☐	☐	☐	☐
B	escudero	☐	☐	☐	☐
C	gente	☐	☐	☐	☐
D	señora	☐	☐	☐	☐

pista 09

3 Vuelve a escuchar los textos y marca con una **✗** qué siente cada personaje.

		Lázaro	escudero	gente	señora
A	desesperación				
B	admiración				
C	compasión				
D	orgullo				

Léxico

4 Encuentra la palabra intrusa entre las que te proponemos. Justifica tu respuesta. Luego forma frases con las palabras intrusas.

1 silla, banco, mesa, capa

2 capa, camisa, toalla, bolsillo

3 manos, cara, dientes, espada

5 En este tratado se utiliza la locución verbal "Entender de qué pie uno cojea", que significa que Lázaro entendió cómo era el escudero, qué defectos tenía. Aquí te presentamos otras locuciones verbales y adverbiales construidas con la palabra "pie". Relaciónalas con su significado correspondiente.

1 ☐ Caer de pie

2 ☐ Buscarle tres, o cinco, pies al gato

3 ☐ Con el pie derecho

4 ☐ Con el pie en el estribo

5 ☐ Con pie de plomo

a Buscar soluciones o razones que no tienen sentido.

b A punto de hacer un viaje o emprender un camino.

c Con buena fortuna.

d Tener suerte.

e Despacio, con cautela y prudencia.

Gramática

Pronombres de objeto directo (OD) e indirecto (OI)

	OD	OI
yo	me	me (a mí)
tú	te	te (a ti)
él / ella, usted	lo/la	le (a él, a ella)
nosotros/as	nos	nos (a nosotros/as)
vosotros/as	os	os (a vosotros/as)
ellos/as, ustedes	los/las	les (a ellos, a ellas)

Los pronombres de objeto directo e indirecto van antepuestos al verbo conjugado o a un mandato negativo. En infinitivo, gerundio y en un mandato afirmativo van pospuestos al verbo.

Le *pregunté.* *No pudo hacer**le** nada.* *¡Di**me** la verdad!*

*Mi hermano **la** escuchaba.* *¡No **lo** hagas!* *No pude hacer**lo**.*

6 **Completa las frases con el pronombre OD o OI correspondiente.**

1 Cuando los chicos llegaron, …….. conté lo que había sucedido.

2 Inés y Julia fueron a la discoteca pero yo no …….. vi.

3 ¿Dónde están mis libros? ¡No …….. encuentro!

4 —Enrique, ¿ …….. han entregado las notas?

   —No, aún no …….. …….. han entregado.

5 Cuando ella llegó, nosotros …….. dimos la buena noticia.

7 **Busca y subraya los pronombres OD y OI que hay en el tratado 4.**

Expresión escrita

8 DELE "Vivirás más y más sano porque no hay nada en el mundo para vivir mucho que comer poco". Esta frase la pronunció el escudero. ¿Qué crees que quiso decir? Escribe un texto de 50-70 palabras.

Antes de leer

1 A lo largo del tratado 5 encontrarás las siguientes palabras. Relaciona los nombres con las fotos.

a real
b azote

c ayuntamiento
d cama

 1

 2

 3

 4

2 En la página 51 encontrarás la ilustración del tratado 5. Obsérvala atentamente y contesta las siguientes preguntas.

1 ¿Dónde están Lázaro y el escudero?
2 ¿Qué lleva en las manos el escudero?
3 ¿Cómo mira el escudero a Lázaro?
4 ¿Qué siente Lázaro?

De cómo Lázaro le dio de comer al escudero y de cómo este le dejó

pista 10

uando llegué a casa, ya el bueno de mi amo estaba allí. Cuando entré, me preguntó de dónde venía.

—Señor, le he esperado hasta las dos y, como no venía, he salido por la ciudad a mendigar y las buenas gentes me han dado esto que ve —le dije.

—Pues yo —dijo él— te he esperado para comer y, como no venías, he comido. Ahora come, pecador, que si Dios quiere, pronto nos veremos libres de necesidad.

Me senté y empecé a cenar y morder tripas y pan, y disimuladamente miraba al pobrecito de mi señor que no me quitaba sus ojos de encima. Me daba lástima porque sé lo que se siente cuando se tiene hambre.

En cuanto empecé a comer, se acercó y me dijo:

—Tengo que decirte, Lázaro, que tienes en comer la mejor gracia que he visto en mi vida y, aunque no tengo apetito, me vienen ganas de comer a mí también.

—Señor, este pan y esta uña de vaca están sabrosísimos.

—Te digo que es la comida más buena del mundo.

Le di uña de vaca y tres o cuatro raciones del pan más blanco y empezó a comer y a roer cada hueso mejor que un perro.

Bebimos el agua del jarro y nos fuimos a dormir.

Pasamos así diez días: él se iba por las mañanas muy elegante a comer aire, y yo a pedir limosna. Veía mi desgracia, pues escapando de los amos malvados ahora estaba con uno que no solo no me mantenía, sino que era yo quien tenía que mantenerlo.

A pesar de todo, le quería bien y me daba pena, pues sabía que no tenía ni una miserable moneda.

«Este» decía yo «es pobre y nadie da lo que no tiene, pero el avaro ciego y el mezquino clérigo me mataban de hambre y por eso nunca los he querido».

En ese tiempo, el Ayuntamiento acordó que todos los pobres forasteros debían irse de la ciudad, y si no lo hacían los iban a castigar con azotes. Yo tenía miedo de salir. Pasamos dos o tres días sin comer.

Estando en esta afligida situación, un día llegó a casa con un real, que a él le parecía un tesoro, y muy alegre me dijo:

—Toma, Lázaro. Ve a la plaza y compra pan, vino y carne. Te hago saber, además, que he alquilado otra casa, y en esta desastrada no estaremos más de un mes. ¡Maldita la casa y el que ha puesto la primera piedra! Desde que vivo aquí, no he tenido tranquilidad. Ve y vuelve pronto, que hoy vamos a comer como marqueses.

Muy contento y alegre, tomé mi real y jarro y fui para la plaza a comprar. Pero parecía que ninguna alegría me venía sin tristeza,

porque me salieron al encuentro muchos clérigos y gente llevando un muerto en una caja. Detrás iban otras mujeres. Y había una vestida de luto, que debía de ser la mujer del difunto, que iba llorando y diciendo a grandes voces:

—Marido y señor mío, ¿adónde te llevan? ¡A la casa triste y desgraciada, a la casa tenebrosa y oscura, a la casa donde nunca comen ni beben!

Yo oyendo aquello, lleno de terror, dije:

—¡Oh, desgraciado de mí! Para mi casa llevan este muerto

Volví a casa corriendo y, entrando, cerré la puerta a toda prisa invocando el auxilio de mi amo; mientras lo abrazaba, él me dijo:

—¿Qué pasa, mozo? ¿Por qué gritas? ¿Qué tienes? ¿Por qué cierras la puerta con tanta furia?

—¡Oh señor —dije yo—, ayúdeme que nos traen un muerto!

—Pero, ¿qué dices?

—Aquí cerca lo he encontrado y su mujer venía diciendo: «¡Marido y señor mío, ¿adónde te llevan? ¡A la casa triste y desgraciada, a la casa tenebrosa y oscura, a la casa donde nunca comen ni beben!».

Al oír esto, mi amo se echó a reír y me dijo:

—Es cierto, Lázaro: según lo que dice la viuda, tienes razón en pensar lo que piensas, pero ya ves que pasan sin entrar aquí.

Al fin, mi amo abrió la puerta y fui a comprar a la plaza. Ese día comimos muy bien. Pasé algunos días más con mi amo escudero.

Estando en esto, entraron por la puerta un hombre y una vieja. El hombre le pidió el alquiler de la casa y la vieja el de la cama. Mi amo les dijo que tenía que ir a la plaza para cambiar dinero y pagarles. Ellos esperaron hasta la noche, pero nunca más volvió.

De este modo me dejó mi pobre tercer amo.

Después de leer

Comprensión lectora

1 Responde a las siguientes preguntas.

1 ¿Qué hizo Lázaro cuando volvió de mendigar?

2 ¿Qué hacía el escudero mientras lo veía comer?

3 ¿Por qué Lázaro le quería bien al escudero?

4 ¿Qué hacía el escudero todas las mañanas mientras Lázaro iba a mendigar?

5 ¿Qué había decidido el Ayuntamiento en esos tiempos?

6 ¿Por qué Lázaro se asustó y volvió deprisa a casa del escudero cuando encontró un cortejo fúnebre?

7 ¿Por qué se presentaron en casa del escudero un hombre y una vieja mujer?

8 ¿Qué hizo el escudero?

2 DELE Lee el siguiente fragmento y elige la opción correcta.

Muy contento y alegre, (**1**) ...... mi real y jarro y fui para la plaza a comprar. Pero (**2**) ...... que ninguna alegría me venía sin (**3**) ......, porque me salieron al encuentro muchos clérigos y gente llevando un muerto en una caja. Detrás iban otras mujeres. Y había una vestida de (**4**) ......, que debía de ser la mujer del difunto, que (**5**) ...... llorando y diciendo a grandes voces:

—Marido y señor mío, ¿adónde (**6**) ...... llevan?

1	a	☐	tomé	b	☐	tomaba	c	☐	tomo
2	a	☐	parece	b	☐	pareció	c	☐	parecía
3	a	☐	felicidad	b	☐	cansancio	c	☐	tristeza
4	a	☐	luto	b	☐	boda	c	☐	marido
5	a	☐	va	b	☐	iba	c	☐	fue
6	a	☐	me	b	☐	te	c	☐	le

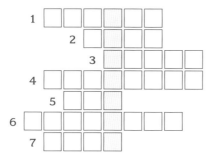

Léxico

3 Une cada palabra de la columna izquierda con su contraria de la derecha.

1 ☐	alegre	**a**	bendito
2 ☐	tenebroso	**b**	afortunado
3 ☐	maldito	**c**	preso
4 ☐	desgraciado	**d**	malo
5 ☐	bueno	**e**	aseado
6 ☐	desastrado	**f**	triste
7 ☐	furioso	**g**	luminoso
8 ☐	libre	**h**	calmado

4 Completa el crucigrama. Resuelve las horizontales y en la columna vertical central aparecerá una palabra presente en el tratado 5.

1 Lugar donde viven muchas personas, núcleo urbano.

2 Pretérito indefinido del verbo *decir*, 3.ª persona singular.

3 Rabia, ira.

4 Es el amo de Lázaro en este tratado.

5 Es un alimento que se hace con harina, agua y sal, cocido al horno.

6 Es lo contrario de alegría.

7 Es lo contrario de nada.

Gramática

Expresar la causa

Entendemos por causa el motivo por el cual se cumple una acción.
Las palabras *porque* y *como* expresan con mayor frecuencia esa idea.
Como tenía un fuerte dolor de garganta, no fue a trabajar.
No fue a trabajar porque tenía un fuerte dolor de garganta.

5 Transforma las oraciones según el ejemplo.

0   No pudo viajar porque no tenía suficiente dinero.
    Como no tenía suficiente dinero, no pudo viajar.

1   Lázaro apreciaba al escudero porque era pobre.

    ....

2   El escudero escapó porque no tenía dinero para pagar la casa.

    ....

3   Lázaro y el escudero no salieron de casa unos días porque el
    Ayuntamiento había acordado que todos los pobres forasteros
    debían irse de la ciudad.

    ....

4   Lázaro detestaba al ciego y al clérigo porque eran mezquinos.

    ....

Expresión escrita y oral

6 En este tratado se menciona el Ayuntamiento de Toledo. Busca
información en Internet acerca de la institución en general y explica
cuáles son sus funciones, qué tareas cumple para la comunidad.

7 Reflexiona acerca de la frase pronuciada por Lázaro en este tratado:
"El escudero es pobre y nadie da lo que no tiene". ¿Qué piensas que
quiso decir Lázaro con estas palabras?

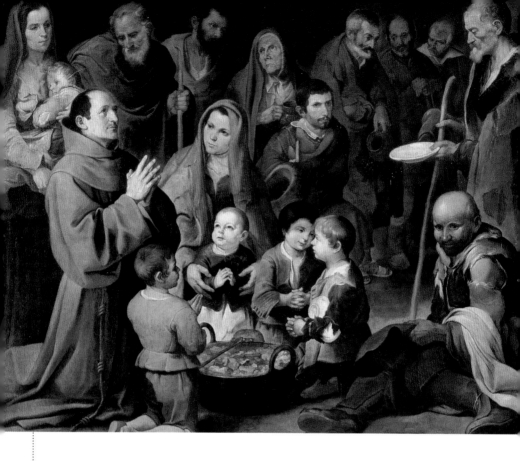

La picaresca
y la pintura española

El desarrollo de la pintura en el Siglo de Oro no corresponde de manera exacta a aquel de la literatura. Mientras el tema de la picaresca en literatura ya había alcanzado su plenitud en el siglo XVI, en pintura solo comenzaban a aparecer los primeros temas relacionados con esta corriente. Esta falta de coincidencia se debe, en parte, a la menor divulgación de la obra pictórica respecto a aquella de la literatura.

El tema de la picaresca está comprendido dentro de la denominada "pintura de género", que formaba parte de la pintura profana.[1] La pintura de género, entonces, aborda los siguientes temas: escenas de niños y muchachos que juegan, escenas de mesones y tabernas con situaciones de riñas, escenas de viejos, mendigos y ciegos. Todas ellas son hechos que conducen a retratar la vida cotidiana de la que forma parte el pícaro.

Los pintores de la picaresca

Algunos de los artistas que realizaron telas que abarcaban los temas antes mencionados son: el sevillano Bartolomé Esteban Murillo (1617-1682), su discípulo Pedro Núñez de Villavicencio (1644-1695), Diego de Velázquez (1599-1660), José de Ribera (1591-1652) y Francisco Herrera el Viejo (1590-1656) entre otros.

Muchas son las obras de Murillo que describen escenas de la vida cotidiana y que representan a los pilluelos, los pícaros, los mendigos y los pobres. En uno de sus cuadros más famosos, *Joven mendigo*, Murillo expresa el abandono y la pobreza en los que vivían muchos niños. La luz resalta su tristeza. Nada hay en la habitación, solo miseria y soledad, que son la miseria y la soledad colectivas de la gran cantidad de mendigos que poblaban Sevilla en esa época. En otra de sus obras, *San Diego de Alcalá dando de comer a los pobres*, Murillo pone sobre tela una escena frecuente de la vida cotidiana como era la distribución de la comida entre los pobres. Son las escenas de la clásica "sopa boba".[2]

La obra que se acerca más al tema picaresco es *Ciego y lazarillo* (1637) de Ribera. En ella se retrata al ciego y su lazarillo, una posible transposición del tema literario sobre la tela.

---

1. **profano** : que no es sagrado ni sirve a usos sagrados, sino puramente secular.
2. **sopa boba** : comida que se daba a los pobres en los conventos, que se componía básicamente de pan y caldo.

Ciego y lazarillo, J. Ribera (1637).

Aunque es probable que el tema no dependa del libro, ya que estos eran personajes corrientes en la realidad del Siglo XVII. En la tela, el anciano ciego no es representado solamente en su total ceguera, sino también en su astucia para obtener el sustento. El lazarillo es un niño que, al parecer, guarda aún una cierta inocencia.

La pintura expone también otros oficios que tenía el pícaro; uno de ellos era el de formar parte de una compañía de músicos ambulantes, que itineraban por pequeños pueblos o ciudades de España. Es un ejemplo de esto el cuadro de Velázquez *Los tres músicos*.

Otro oficio de nuestro pícaro era el de formar parte de compañías de cómicos ambulantes, que viajaban de pueblo en pueblo y montaban sus espectáculos, tal y como lo hacía el pícaro Pablos en *El Buscón* de Francisco de Quevedo.

Joven mendigo, B. Murillo (1645-50).

Podríamos concluir entonces que la literatura y la pintura, aunque con diferente intensidad, trataron el tema de la picaresca. La literatura trató, tal vez, el tema con mayor espíritu crítico, pero ambas relataron e interpretaron el mundo del Siglo de Oro.

Comprensión lectora

1 **Responde a las siguientes preguntas.**

1 ¿Cómo se desarrollaron la pintura y la literatura del Siglo de Oro?

2 ¿Qué era la "pintura de género"?

3 ¿Cuáles eran los personajes retratados en ese tipo de pintura?

4 ¿Qué se retrata en la obra *Joven mendigo* de Murillo?

5 ¿Qué oficios del pícaro eran representados en los cuadros?

Antes de leer

1 A lo largo del tratado 6 encontrarás las siguientes palabras. Relaciona los nombres con las fotos.

a jubón   c melocotón   e asno
b sayo   d púlpito   f cántaro

2 En la página 65 encontrarás la ilustración del tratado 6. Obsérvala atentamente y contesta las siguientes preguntas.

1 ¿Dónde está Lázaro?

2 ¿Qué animal lo acompaña?

3 ¿Qué crees que está haciendo Lázaro?

4 Describe el paisaje.

De cómo Lázaro encontró a su cuarto amo y luego sirvió a un bulero[1]

pista 11

uve que buscar el cuarto amo, y este fue un fraile de la Merced. Era gran enemigo del coro y de comer en el convento, propenso a andar fuera de sus muros. Además era muy amigo de cuestiones mundanas y de hacer visitas, tanto que pienso que rompía él más zapatos que todo el convento. Este amo me dio los primeros zapatos que rompí en mi vida, pero no me duraron ocho días, ni yo pude resistir su andar. Y por esto y por otras cosillas que no digo, le abandoné.

El quinto amo era un bulero, el más desenvuelto y desvergonzado que he visto jamás. Cuando llegaba a un lugar a vender las bulas, primero ofrecía a los clérigos algunas cosas de poco valor, el

---

1. **bulero** : funcionario comisionado para distribuir las bulas de la Santa Cruzada y recaudar el producto de la limosna que daban los fieles.

mismo que tenían las bulas: una lechuga, un par de naranjas, un melocotón, dos peras. Así procuraba tenerlos a su favor: los clérigos llamaban a sus fieles, quienes compraban las bulas. Cuando no se las compraban a las buenas, intentaba venderlas con toda una serie de astucias y engaños.

En un lugar cerca de Toledo, había predicado mi amo dos o tres días y nadie le había comprado una sola bula. Estaba con esto como quien se lo lleva el diablo, y decidió convocar al pueblo para el día siguiente por la mañana en la iglesia.

Esa noche, después de cenar, se pusieron a jugar mi amo y el alguacil,[2] y al poco tiempo empezaron a reñir y a insultarse a causa del juego. Él llamó al alguacil ladrón, y el otro a él falsario. El bulero, mi señor, cogió una lanza y el otro sacó su espada para matarlo. Al ruido y las voces llegó gente y los separó. El alguacil dijo a mi amo que las bulas que vendía eran falsas. Finalmente se llevaron al alguacil y todos nos fuimos a dormir.

A la mañana siguiente, todo el pueblo fue a la iglesia y mi amo se subió al púlpito y comenzó su sermón, animando a la gente a comprar la santa bula. En esas estaba mi amo cuando entró por la puerta de la iglesia el alguacil y dijo:

—Oídme, gente, el que está predicando es un echacuervos,[3] me ha engañado diciéndome que tengo que ayudarlo en este negocio y que después dividirá la ganancia conmigo. ¡Pero ahora veo el daño que he hecho a mi conciencia y me arrepiento! Os digo claramente que las bulas que predica son falsas y no debéis creerle.

Acabado su razonamiento, algunos hombres honrados quisieron echar al alguacil de la iglesia, pero él dijo que no debían tocarlo.

El bulero se puso de rodillas y, mirando al cielo, dijo así:

---

2. **alguacil** : funcionario subalterno de un ayuntamiento o un juzgado.

3. **echacuervos** : hombre embustero y despreciable.

—Señor Dios, que conoces la verdad y cómo soy calumniado injustamente. Yo lo perdono y te pido solo un milagro: si es verdad lo que él dice, que yo soy malo y falso, castígame y haz caer este púlpito conmigo en la profundidad de la tierra; y si es verdad lo que yo digo y aquel dice maldad, castígalo también y todos conocerán su malicia.

Apenas el bulero acabó su oración, el alguacil se cayó al suelo con tan gran golpe, que hizo resonar toda la iglesia, y empezó a gritar y echar espuma por la boca, poniendo los ojos en blanco y revolviéndose por todo el suelo. La gente espantada decía:

—¡Bien se lo merece pues decía falso testimonio!

Finalmente, algunos que allí estaban se acercaron y le sujetaron de los brazos, con los cuales daba fuertes puñadas a los que cerca de él estaban. Otros le tiraban por las piernas y lo sujetaron con fuerza, porque no había en el mundo mula que tirase tan recias coces. [4] Y así le tuvieron un gran rato. A todo esto, mi señor amo estaba en el púlpito de rodillas, las manos y los ojos puestos en el cielo en divina contemplación.

Aquellos buenos hombres llegaron a mi amo y le dijeron:

—Señor, socorre a este pobre hombre que está muriendo. Perdona todo lo mal que ha hablado de ti y líbralo del peligro y pasión que padece, por amor de Dios.

Mi señor los miró y miró al delincuente y a todo el público y, bajando del púlpito, todos se pusieron de rodillas. Los clérigos empezaron a cantar en voz baja una letanía. Mi amo llegó con la cruz y agua bendita sobre el pecador y rezó una oración.

—Señor —dijo el bulero—, no quiero la muerte de este pecador, sino su vida y arrepentimiento. Perdona sus pecados y dale salud.

Hecho esto, mandó traer la bula y la puso en la cabeza del

---

4. **coz** : sacudida violenta que hacen las bestias con alguna de las patas.

pecador. El alguacil empezó poco a poco a estar mejor, se echó a los pies de mi señor pidiéndole perdón y confesó haber dicho todas aquellas falsedades por boca y mandamiento del demonio.

Mi amo lo perdonó e hicieron las paces.

Viendo aquello, todo el mundo comenzó a comprar la bula. Se divulgó la noticia por todos los lugares y cuando llegábamos, no hacía falta ir a la iglesia, porque venían a la posada a comprar bulas como peras que se dan gratis.

Yo también me había creído el engaño. Pero un día vi al alguacil y a mi amo que se reían y burlaban y dividían la ganancia. También a mí me hizo reír y pensé: «¡Cuántos malvados debe de haber en el mundo que se aprovechan de la gente inocente!».

Cuatro meses estuve con él, en los que pasé muchas fatigas, aunque me daba bien de comer.

Después de esto fui con un maestro pintor y le preparaba los colores, y también sufrí mil males.

Siendo ya en este tiempo buen mozuelo, entrando un día en la iglesia mayor, uno de sus capellanes me tomó a su servicio y me puso a cargo un asno, cuatro cántaros y un látigo, y comencé a vender agua por la ciudad. Este fue el primer escalón que yo subí para alcanzar buena vida, porque vivía a pedir de boca. Daba cada día a mi amo treinta maravedís de lo que había ganado, y los sábados ganaba para mí, y todo lo que pasaba de los treinta maravedís entre semana era para mí.

Me fue tan bien en el oficio, que al cabo de cuatro años ahorré para vestirme muy honradamente: compré un jubón de fustán viejo y un sayo de manga tranzada[5] y abierta, una capa y una espada.

Entregué a mi amo su asno, porque no quería más seguir en aquel oficio.

---

5. **tranzada** : cortada.

Después de leer

Comprensión lectora

1 **DELE** Elige la opción correcta y justifica tu elección.

1 El quinto amo de Lázaro era...
   a ☐ un bulero.
   b ☐ un fraile.

2 El bulero era...
   a ☐ muy descarado.
   b ☐ muy respetuoso.

3 El bulero y el alguacil, a causa del juego, comenzaron a...
   a ☐ alabarse.
   b ☐ pelear.

4 Mientras el bulero decía su sermón, el alguacil...
   a ☐ lo acusó de ser un embustero.
   b ☐ lo acusó de ser el diablo.

5 El bulero...
   a ☐ perdonó al alguacil.
   b ☐ deseó la muerte al alguacil.

6 A causa de lo que había sucedido durante el sermón, la gente...
   a ☐ comenzó a comprar muchas bulas.
   b ☐ no compró más bulas.

Comprensión auditiva

2 Escucha atentamente el texto y luego subraya y corrige los errores.

pista 12

Esa tarde, después de almorzar, se pusieron a jugar mi amo y el alguacil, y al poco tiempo empezaron a reñir y a insultarse a causa del juego. Él llamó al alguacil ladrón, y el otro a él falsario. El bulero, mi señor, cogió un cuchillo y el otro sacó su espada para herirlo. Al ruido y las voces llegó gente y los separó. El alguacil dijo a mi amo que las bulas que regalaba eran falsas. Finalmente se llevaron al alguacil y todos nos fuimos a dormir.

Léxico

3 Sustituye las expresiones en negrita por otras sinónimas que aparecen en el tratado.

1 El bulero era el amo más desenvuelto y **descarado** que he visto jamás.

2 Oídme, gente. El que está predicando es un **embustero**.

3 Os digo claramente que las bulas que **difunde** son falsas y no **tenéis que** creerle ni comprarlas.

4 Señor, **disculpa** todo lo mal que este hombre ha hablado de ti.

4 Encuentra la palabra intrusa entre las que te proponemos. Justifica tu respuesta. Luego forma frases con las palabras intrusas.

1 sermón, púlpito, iglesia, alguacil

2 ladrón, santo, falsario, echacuervos

3 naranja, lechuga, pera, melocotón

5 En este tratado se utiliza la locución adverbial "A pedir de boca", que significa que algo sucede tal como se deseaba. He aquí otras locuciones construidas con la palabra "boca". Relaciónalas con su significado correspondiente.

1 ☐ A boca llena

2 ☐ Andar en boca de todos

3 ☐ Cerrar la boca a alguien

4 ☐ Quedar con la boca abierta

a Permanecer admirado de algo que se ve o se oye.

b Con claridad, abiertamente, hablando sinceramente.

c Ser objeto de lo que se hable o se diga.

d Hacer callar a alguien.

6 En este tratado hay otra locución: "Estaba como quien se lo lleva el diablo". Busca su significado y luego encuentra otras locuciones que se construyen con la palabra "diablo".

Gramática

El imperativo afirmativo

	Amar	Comer	Subir
tú	ama	come	sube
vosotros/as	amad	comed	subid

En los verbos regulares, la forma de la 2.ª persona singular (tú) coincide con la 3.ª persona del presente de indicativo.

La 2.ª persona plural (vosotros) se forma cambiando la terminación -r del infinitivo por la letra -d, y no presenta ninguna irregularidad.

Los verbos con diptongo y con cambio vocálico parten de la 1.ª persona singular del presente de indicativo. El diptongo o el cambio vocálico se mantienen en la 2.ª persona singular (tú).

Vuelve *(tú) mañana, por favor.*
Pide *(tú) ayuda a tu hermano.*

Los verbos irregulares en la 2.ª persona singular son:

decir → di   **ir** → ve   **salir** → sal   **tener** → ten
hacer → haz   **poner** → pon   **ser** → sé   **venir** → ven

El imperativo se emplea para dar órdenes, expresar ruegos o deseos.

Muchas veces usamos el imperativo acompañado de un pronombre. En este caso, el pronombre va detrás del verbo.

Escúchame *muy bien.*

7 Transforma estas informaciones en verbos en imperativo.

1   dar tú, a él ....
2   ser vosotros ....
3   escribir tú, a ellas ....
4   hablar vosotros, a mí ....
5   beber tú, el agua ....
6   tener tú, el estuche ....

8 Completa las oraciones conjugando en imperativo afirmativo los verbos entre paréntesis.

1   Pablo, (*ir, tú*) .... al súper, no hay nada en la nevera.

2   ¡(*Volver, tú*) .... a casa temprano!

3   ¡(*Empezar, tú*) .... a estudiar ya mismo!

4   ¡(*Pensar, tú*) .... bien en lo que vas a hacer!

5   Chicos, ¡(*ir, vosotros*) .... a dormir!

9 Subraya los verbos en imperativo que hay en el tratado 6.

Rincón de cultura

El echacuervos y el bulero

El origen de la palabra "echacuervos" es muy antiguo. Actualmente se usa para referirse a personas mentirosas, embusteras y despreciables, pero en el pasado se les llamaba así a los buleros. Pero... ¿qué es un bulero? Un bulero era un individuo que "echaba las bulas". Las bulas eran documentos que desde la Edad Media se vendían para perdonar a los pecadores. De hecho, una persona que tenía la conciencia sucia, podía comprar estos documentos a un bulero y así obtener el acceso al paraíso. Por eso, la reforma protestante se opuso a esta transacción, por considerar las bulas no válidas para la salvación del alma. Con el pasar del tiempo, se comenzó a considerar a los buleros seres farsantes y embusteros. Es esta la razón por la cual se identifica al bulero con un echacuervos, ya que este engaña a los simples.

Ahora contesta a las siguientes preguntas.

1   ¿Con qué se relaciona hoy día la expresión "echacuervos"?

2   ¿Por qué se les llamaba echacuervos a los buleros?

3   ¿Quiénes eran los buleros?

4   ¿Qué se obtenía cuando se compraban las bulas?

Antes de leer

1 Las palabras siguientes se utilizan en el tratado 7. Asocia cada palabra a su definición correspondiente y comprueba tus respuestas a lo largo del texto.

1 ☐ rumor
2 ☐ pregonar
3 ☐ diligente
4 ☐ alquilar
5 ☐ arcipreste
6 ☐ llorar

a Derramar lágrimas.

b Canónigo principal de las catedrales.

c Poner una noticia en conocimiento de todos en voz alta.

d Pronto, presto, ligero en el obrar.

e Noticia vaga que corre entre la gente.

f Dar o tomar alguna cosa para hacer uso de ella, por un tiempo y precio determinado.

2 En la página 73 encontrarás la ilustración del tratado 7. Obsérvala atentamente y contesta las siguientes preguntas.

1 ¿Quiénes crees que son las dos personas que aparecen junto a Lázaro?

2 ¿Cómo van vestidos Lázaro y el señor?

3 ¿Qué están haciendo los tres personajes?

4 ¿Dónde crees que están?

De cómo Lázaro sirvió a un alguacil y de lo que le sucedió después

pista 13

Me despedí del capellán y me puse al servicio de un alguacil, como hombre de justicia. Viví muy poco con él, porque me parecía un oficio muy peligroso; sobre todo porque una noche nos corrieron a mí y a mi amo a pedradas y a palos unos delincuentes, y a mi amo, que los esperó, le trataron mal, pero a mí no me alcanzaron. Por esta razón dejé el oficio. Y pensando en qué trabajar de modo definitivo para descansar y ganar algo para la vejez, quiso Dios alumbrarme y ponerme en buen camino. Y con favor que tuve de amigos y señores, todos mis trabajos y fatigas hasta entonces pasados fueron pagados con alcanzar lo que busqué: ¡un oficio real![1]

---

1. **oficio real** : hoy en día un empleado público.

En el día de hoy vivo de este oficio y quedo al servicio de Dios y de Vuestra Merced. Y es que tengo cargo de pregonar los vinos que en esta ciudad se venden, y en almonedas[2] y cosas perdidas, acompañar a los que padecen persecuciones por justicia y declarar a voces sus delitos: soy pregonero, hablando en buen castellano.

Me ha ido tan bien, y yo lo he hecho tan fácilmente, que casi todas las cosas de este oficio pasan por mi mano: tanto que, en toda la ciudad, el que desea vender vino u otra cosa, se hace la idea de que no saca provecho si Lázaro de Tormes no interviene.

En este tiempo, viendo mi habilidad y buen vivir, teniendo noticia de mi persona el señor arcipreste de San Salvador, mi señor y servidor y amigo de Vuestra Merced, procuró casarme con una criada suya. Y viendo yo que de tal persona no podía venir sino bien y favor, decidí hacerlo. Y así me casé con ella, y hasta ahora no estoy arrepentido, porque, además de ser buena hija y diligente criada, recibo de mi señor el arcipreste todo favor y ayuda. Nos hizo alquilar una casita al lado de la suya. Los domingos y casi todos los días de fiesta comíamos en su casa.

Mas las malas lenguas, que nunca faltaron ni faltarán, no nos dejan vivir, diciendo no sé qué, y sí sé qué, de que ven a mi mujer ir a hacerle la cama y hacerle de comer.

Por este motivo el arcipreste me habló un día largamente delante de ella, y me dijo:

—Lázaro de Tormes, quien ha de mirar lo que dicen las malas lenguas, nunca prosperará. No es de maravillarse si oyes algún rumor sobre si tu mujer entra en mi casa o sale de ella. Ella entra muy a tu honra y suya, y esto te lo aseguro.

---

2. **almoneda** : venta en pública subasta de bienes muebles, generalmente usados.

—Señor —le dije—, yo decidí acercarme a los buenos. Verdad es que algunos de mis amigos me han dicho algo de eso, y que había tenido tres hijos antes de casarse conmigo...

Entonces mi mujer echó tantas maldiciones que yo pensé que la casa se hundía con nosotros, y después comenzó a llorar y a echar maldiciones sobre quién la había casado conmigo. De esta manera deseé estar muerto y no haber hablado de eso.

Pero yo de un lado y mi señor de otro, tanto le dijimos y concedimos que cesó su llanto. Le juré que nunca más en mi vida le recordaría nada de aquello.

Y así quedamos los tres bien conformes.

Hasta el día de hoy, nunca nadie nos ha oído hablar del tema; cuando veo que alguien quiere decir algo de ella, le detengo y le digo:

—Mira: si eres amigo, trata de no decirme cosas dolorosas, que no es mi amigo aquel que me hace sufrir; mayormente si me quieren indisponer con mi mujer, que es la cosa que yo más quiero en el mundo, y la amo más que a mí mismo. Yo juraré que es tan buena mujer como las que viven dentro de las puertas de Toledo. Y quien otra cosa me dice, yo me mataré con él.

De esta manera no me dicen nada, y yo tengo paz en mi casa.

Esto fue el mismo año que nuestro victorioso Emperador entró en esta insigne ciudad de Toledo y tuvo en ella cortes, y se hicieron grandes fiestas, como Vuestra Merced habrá oído.

Pues en este tiempo vivo prósperamente y en la cumbre de toda buena fortuna. De lo que de aquí adelante me sucederá avisaré a Vuestra Merced.

Después de leer

Comprensión lectora

1 Elige la opción correcta entre las dos propuestas.

1 Lázaro dejó su oficio con el alguacil porque era...
  a ☐ aburrido.   b ☐ arriesgado.

2 Lázaro se casó con ... del arcipreste.
  a ☐ la criada   b ☐ la sobrina

3 Cuando la mujer de Lázaro oyó lo que decían de ella las personas...
  a ☐ comenzó a llorar.   b ☐ comenzó a reír.

4 La vida de Lázaro ahora es...
  a ☐ desgraciada.   b ☐ floreciente.

Comprensión auditiva

2 Escucha el principio del tratado 7 y completa el texto.

pista 14

Me (**1**) .... del capellán y me puse al (**2**) .... de un alguacil, como hombre de justicia. (**3**) .... muy poco con él, porque me parecía un oficio muy (**4**) ....; sobre todo porque una noche nos (**5**) .... a mí y a mi amo a (**6**) .... y a palos unos (**7**) ...., y a mi amo, que los (**8**) ...., le trataron mal, pero a mí no me (**9**) .... Por esta razón dejé el (**10**) ....

Léxico

3 Completa las frases con las palabras del cuadro.

> arcipreste pregonero delincuentes delitos

1 El alguacil perseguía a los ....

2 Lázaro se había convertido en ....

3 Lázaro se casó con la criada del ....

4 Lázaro declara a voces los .... que cometieron algunos hombres.

Rincón de cultura

El pregonero y el pregón

En la obra *Tesoro de la Lengua Castellana o Española* escrita en 1611 por Sebastián de Covarrubias Orozco, capellán del monarca Felipe III, se encuentra la definición de la palabra "pregón", que significa "promulgación de alguna cosa que conviene se publique y venga a noticia de todos", y de la palabra "pregonero", cuyo significado es "oficial público que en alta voz da los pregones".

En un documento firmado por los Reyes Católicos en la ciudad de Córdoba en 1491, se puede ver claramente el papel del pregonero y del pregón. Isabel y Fernando prohibían a la población atacar a los judíos y sus pertenencias. Para hacer llegar esta disposición a oídos de los habitantes dieron orden a las justicias que a través de la voz del pregonero se diera el anuncio en las plazas, mercados y lugares concurridos de las ciudades y villas. Una vez que se había proclamado el comunicado, las autoridades podían proceder contra los infractores de la disposición de los reyes.

(texto adaptado)

Ahora di si las siguientes frases son verdaderas (V) o falsas (F).

		V	F
1	El pregón se hace en voz baja.	☐	☐
2	El pregón es un anuncio hecho de manera privada.	☐	☐
3	El oficio de pregonero era un oficio infame.	☐	☐
4	Los Reyes Católicos utilizaron el pregón para emanar sus disposiciones.	☐	☐

El lazarillo, de la novela al cine

Año: 2001
Duración: 99 min.
País: España
Director: Fernando Fernán Gómez, José luis García Sánchez
Guion: Fernando Fernán Gómez (novela anónima)
Género: drama / comedia

La traslación más reciente del Lazarillo es la de Fernando Fernán Gómez, quien escribió un monólogo teatral y luego lo adaptó para el cine con el título *Lázaro de Tormes*. En la película aparece un Lázaro en su edad madura, que debe demostrar ante la Justicia que los delitos que ha cometido a lo largo de su vida se debieron a la necesidad de huir del hambre y no al deseo de delinquir.

En su declaración ante el tribunal, Lázaro narra su pasado, alternando hechos del presente con el propósito de entretener y divertir al público. Describe, al mismo tiempo, un cuadro de tipos y costumbres de la época tratando con la misma ironía a todos los estamentos sociales. De cada clase social refleja y resalta la esencia baja y mezquina que caracteriza a la sociedad de su tiempo.

1 Contesta a las siguientes preguntas.

1 ¿Cómo es Lázaro en la película de Fernando Fernán Gómez?

2 ¿Se puede considerar que Lázaro es un delincuente?

3 Observa el cartel de la película y descríbelo. En tu opinión, ¿cuál es Lázaro en el cartel de la película?

Comprensión lectora

1 Pon las imágenes siguientes en el orden cronológico de la historia, y después asocia cada imagen a la descripción que le corresponde.

1 ☐ Para consolarme, abrí el arca con los panes y empecé a adorarlos.

2 ☐ Siendo ya buen mozuelo, un capellán me puso a cargo un asno, cuatro cántaros y un látigo.

3 ☐ Fui hacia él y le enseñé el pan. Tomó uno de los tres pedazos, el mejor y más grande.

4 ☐ ¡Cuántos debe de haber en el mundo que huyen de otros porque no se ven a sí mismos!

5 ☐ Me casé con ella, y hasta ahora no estoy arrepentido.

6 ☐ Mi amo creyó que era el silbido de la culebra. Se levantó y se acercó a mí con el bastón en la mano.

Léxico

2 Completa el crucigrama. En la columna vertical central aparecerá uno de los personajes de El *Lazarillo de Tormes*.

1 Lo que vendía el bulero (en plural).

2 Es el tercer amo de Lázaro.

3 Nombre de la ciudad en la que Lázaro conoció al ciego.

4 Nombre del padrastro de Lázaro.

5 El oficio de Lázaro cuando dejó de servir al alguacil.

6 Nombre del río a orillas del cual nació Lázaro.

Gramática

3 Completa las oraciones con una de las tres opciones propuestas.

1 Lázaro se convirtió en pregonero .... quería prosperar.

   a ☐ como   **b** ☐ porque   **c** ☐ por que

2 ¡Señores, esta es la historia de Lázaro, es .... historia!

   a ☐ su   **b** ☐ sus   **c** ☐ suya

3 Lázaro, ¡........ ya de pedir limosna!

   a ☐ dejad   **b** ☐ deja   **c** ☐ dejas

4 Cuando vivía con el clérigo, Lázaro .... ingeniárselas para comer.

   a ☐ debía   **b** ☐ debió   **c** ☐ debe

Expresión oral

4 Elige el episodio del libro que te ha gustado más y expón tus opiniones ante tus compañeros.

Esta lectura graduada utiliza un enfoque de lectura expansiva donde el texto se convierte en una plataforma para mejorar la competencia lingüística y explorar el trasfondo histórico, las conexiones culturales y otros tópicos que aparecen en el texto.

Abajo encontrarás una lista con las nuevas estructuras introducidas en este nivel de nuestra serie **Leer y aprender**. Naturalmente, también se incluyen las estructuras de niveles inferiores. Para consultar una lista completa de estructuras de los cinco niveles, visita nuestra página web, *blackcat-cideb.com*.

Nivel Segundo A2

El imperativo
Los indefinidos
La comparación y el superlativo
Estar + gerundio
El pretérito perfecto
El pretérito imperfecto
El pretérito indefinido
Combinación de pronombres
El futuro simple
Perífrasis de infinitivo

Nivel Segundo

Si te gustó esta lectura, prueba también...

- *Cantar de Mio Cid*
- *Novelas ejemplares* de Miguel de Cervantes
- *Traición en la corte de Felipe III* de Flavia Bocchio Ramazio y Elena Tonus

Nivel Tercero

...o intenta avanzar más.

- *Guzmán de Alfarache* de Mateo Alemán
- *La vida del Buscón* de Francisco de Quevedo
- *Fuente Ovejuna* de Lope de Vega